따개비의 숨소리처럼 작은 이야기와 내 속의 속삭임

따개비의 숨소리

따개비의 숨소리처럼 작은 이야기와 내 속의 속삭임

따개비의 숨소리

임희수 지음

구암

시인의 말

두 번째 시집을 내며….

아내가 늘 품에 두고 읽는 나에 첫 번째 시집 "그렇게 사는 거야"의 책갈피가 낡고 헤어진 모습을 보고 짠한 마음이 들어 두 번째 시집을 출간합니다.

시인의 손을 떠난 시는 독자의 것이기에 스스로 어떻게 느끼느냐는 각자의 몫이라고 합니다. 맞는 말씀이지요, 첫 시집을 읽고 엉엉 울었다는 염 권사님과 아예 외워서 붓글씨로 써 붙여 놓으시겠다는 어느 장로님 외 여러분께 깊은 감사를 드립니다.

미숙한 저에게 위로와 찬사를 아끼지 않으셨던 분들에게도 이 면을 통하여 감사의 말씀을 드립니다.

설익은 나의 시를 가다듬다 보면 이것이 시가 될까 하는 생각도 하게 되는데 용기를 내어 두 번째 시집을 내놓습니다.

하루살이가 몇 년이나 살 것처럼, 해녀의 숨비소리는 응답이 없는데 인간들은 천년 만년 살 것처럼 흐드러져 사는 모습을 보면서 옷깃을 여미고 돌아봅니다.

은유와 비유를 초라하게 대접하시는 분들도 계시지만 세상을 그려내기에 이보다 좋은 도구가 없기에 은유와 비유를 섞어서 그려 보았습니다.

시는 마음이요 역사요 사랑이라는 생각으로 다시 한번 만들어 보았습니다.

이렇게 두 번째 시집이 나오기까지 적극적으로 격려해 준 아내 김영신에게 감사드리고,

항상 기도로, 제작으로 도우신 김사철 장로님, 김용희 교수님 염정희 권사님과 그 외 많은 교우님에게도 깊은 감사를 드립니다.

그리고 큰딸 금혜와 예비 교장 사위와 아들과 며느리 또 손주들, 하연, 하준, 유하에게도 고맙다는 말을 전합니다.

이제 가을 바람이 흩어집니다.
갈 곳도 없이….

그렇게 세월이 먼지가 되어 쌓이고 저의 작품도 보이지 않는 작은 먼지 속 조각이 되어 화석이 되겠지만 그래도 지금 살아있음에 감사하며 그려봅니다.

마음에 와 닿는 대로 천천히 읽어주시면 참 감사하겠습니다.

저자 드림

차 례

□ 두 번째 시집을 내며

□ 제1부 너와 나

그리움 ················ 10
그 사랑 ················ 11
인 연 ················ 12
소 용 ················ 13
늙어감 ················ 14
머라 씨브리쌌노 ············ 16
바 람 ················ 18
버려진 시간 ············· 19
수줍은 봄 ··············· 20
스치움 ················ 21
시 간 ················ 22
인생이란 ··············· 23
옛사람 ················ 24

저 녁 ················ 25
양지 말 ··············· 26
이제사 ················ 28
찰 라 ················ 29
요괴 인간 ·············· 30
살아감 ················ 32
헛웃음 ················ 33
추 억 ················ 34
힘을 빼 ··············· 35
회 상 ················ 36
낙엽이 가는 길 ··········· 38
촌로의 봄 ·············· 39

□ 제2부 세상을 바라보며

버닝 가트 ·············· 42
괜찮아 ················ 44
삐약 병아리 ············· 45
죽음의 벽 ·············· 46
길 ·················· 48

늙은이의 피서 ············ 50
묻지 마라 ·············· 52
봐 봐 ················ 54
봄 동백 ··············· 56
시 샘 ················ 57

6

투명인간 ············· 58
뫼에서 돌아오는 길 ······· 59
야 야 ················· 60
욕 심 ················· 61
잡상인 출입금지 ········· 62

점잖은 염부 ············ 63
참 상 ················· 64
참 ··················· 65
화 투 ················· 66

☐ 제3부 가족에게 보내는 노래

노 송 ················· 68
님 소식 ··············· 69
당신을 보면 눈물이 ······· 70
동반자 ················ 71
며느리에게 ············· 72
오 서방 ··············· 73
바람에 실어 보내는 ······· 74
비 오는 날의 추억 ········ 76
내 손녀 유하야 ·········· 77
여 자 ················· 78

어머니의 손편지 ········· 79
손주가 온다고 ··········· 80
쑥 떡 ················· 82
아들아 ················ 84
장모님 보따리 ··········· 86
가을비 ················ 87
울 어메 ··············· 88
후 회 ················· 89
장손녀 ················ 90
한 ··················· 92

☐ 제4부 자연을 보며

가을이 오면 ············ 96
갈 단풍 ··············· 97
가을 마음속 ············ 98

늦 봄 ················· 100
님 ··················· 101
단풍잎 ················ 102

강 뚝	103	석 상	122
들 꽃	104	수락산 계곡	123
선 달	106	싹	124
봄 빛	108	어느 봄	125
모래무지	109	외롭지 않아	126
삘기 풀	110	원 망	127
벚 꽃	111	자유함	128
맛 집	112	잠든 단풍	129
매 미	114	추 억	130
머하고 사노	116	지리산 할매	131
해녀의 봄	118	썰렁한 주막	132
사 막	120	처연한 봄	134
산정호수	121		

□ 후 기 ·················· 135

제 1 부

너와 나

그리움

보고파
등 밝혀
마음속 비치면

달아나 버리는 너

가끔씩
깜빡 깜빡
투영되었던 너의 모습이
그림자 뒤로 숨어
보이지 않고

백발은
모퉁이 창가
얼룩진 그리움을
지우고 있구나

그 사랑

만리포
향방 없는 바람결에
찰랑대는
천진의 얼굴
이슬처럼 덤덤한
영혼이여

억겁을 부서져
파랗게 멍든 상처
짠 물로 닦아내도
여전하고

밀려 오고
밀려 가는
중력의 시간 속에
파도는
그 사랑
하얀 물방울로
피어 올린다

인 연

너와 나
찰나의 연으로
하나 되어
함께 넘어야 하는 숙명

이인삼각
묶인 발 빼지 못하고
어정쩡히 넘는 고개

이것이 인연이라며
골 파인 얼굴
서글픈 미소로 답을 하네

돌지 않는 물방아처럼
풀지 못할 타래처럼
애태우며 엉켜버린 시간들

눈물 마른 저녁
긴 그림자 두 개
이도 저도 인연이라며
석양을 걷는다

소 용

떨리는 손에
신선로 육첩반상이
뭔 소용이고

쇠 소리 나는 허파에
비단금침 무에며

바짓가랑이 적시는 백발이
동지섣달 한 허리 훔쳐 놓아도
황진이 소용 닿지 않으니
양귀비는 그냥 꽃이로 구나

이리저리 돌림 당한
꼬부라진 서글픔이
품 안에 친구니

바람에 심어 놓은 옛사랑
흩어 날리는 조각처럼
삯아 가는 삶에
소용이 무슨 소용인가

늙어감

찾는 이 없으니
누구와 함께 할꼬

승려는
절 마당 도래송곳 꽂아 놓고
시주님 기다리며
목탁이라도 두드리는데
난 누굴 기다리나

저이는
벽에 눈 맞추며 산다는데
나는 어데 눈 맞추며 사꼬

퇴직이라는 계급장
몸뚱이는 삭아 삐걱거리고
먼저 간 이들이 알려 주어도
알아듣지 못했던 말
홀로 중얼거려 새는 밤

노동을 하자니
근력이 당기고
얻어 먹자니 눈치가 보여

너와 내가 함께 살아도
따로 삶이 늙어감인가
희뿌연 아침을 홀로 맞는 것이
늙어감인가

머라 씨브리쌌노

머라 씨부리쌌노
니는 그리 심고
내는 이리 심는 기라

치아라 마
니는 그리 눕고
내는 이리 눕는 기라

내 뭐라켓노
니는 니 잘난 대로
내는 내 잘난 대로 살자 안 캤나

머라 씨브리지 말고
니캉 내캉
거실리지 말고

그리 눕든 이리 눕든

편한 데로 누어
한세상 살자 카이

바라
또 바람이 안부나
바람 부는 대로 살자 카이
멀 그리 씨브리쌌노

바 람

보이지도 않는 것이
이름을 얻었네
믿음, 소망, 사랑
그리고 또 하나 바람

보이는 것이
이보다 못하다 했나
현실은
허공에 발 내딛는 헛살이라 했나

잎새 흔들려 아는 바람
기진해야 느끼는 사랑
바닥에 누워야 볼 수 있는 소망
비워야 채워지는 믿음

성령의 바람이 전하네
영원한 삶 만들어 보라고
믿음, 소망, 사랑으로…

버려진 시간

길바닥 뒹구는
걸레처럼
찬바람 막아 줄
아무것 없는 삶에
어두운 냉기가 덮는다

따스한 시간은
날리는 가루처럼
속히 사라지고
행복했던 시절은
끈 떨어진 방패연처럼
쑤셔 박은 골동품처럼
눈길마저 닿지 않는
거기에 버려지고

애린 상처는
굴러가는 탑시기처럼
손짓마저 뿌리치고
홀로 가는구나
버려진 시간 속으로

수줍은 봄

수줍은 진달래
볼 붉혀
다소곳이 피는 봄

낙엽 속에 묻어둔 사랑
부끄러워 다 말 못하고
동장군 발 아래 숨겨 놓았는데

봄바람 찾아와
온 동네 소문 내니
녹인 물 수군거려 흐르고
살포시 솟는 싹
흔들거려 엿듣는구나

보고 싶어 봄인가
지난 가을 못다 한 사랑
다시 보고파
이 봄도
연분홍 산허리 휘감아 돈다

스치움
딸에게…

찰나를 어찌 잡나
삶을 머물게 할 수나 있나
잠시 함께 했던 시공
스침인 것을 …

아비와 딸

길지 않았던 시간
내 가거든
놀멘놀멘 오너라

생과 사

엇갈릴 시간이
잎새 위 이슬처럼 구르다
비수로 다가 와
갈라놓는 것을 …

서러워 마라
아쉬워 마라
그렇게 흘러 다시 만나르니 …

시 간

손발이 따로 놀고
눈은 어두워
오름도, 내림도 어려운데

시간이란 놈
저 혼자 뛰어 가고
몸뚱이 따르지 못하니
굽은 몸이
이도 저도 쉽지가 않구나

세월
잡으려 해도
손가락만 외로이 뻣뻣한데
어찌 하겠나

빠름 되어 버린 너에게
서라 ~ 손짓해도

휘젓는 내 모양이
흥인 냥 응원인 냥 하여
너 홀로
무릎 높여 뛰어가는구나

인생이란

쓰러질 때까지 걷는 것

쉴 수도
늘어질 수도
처질 수도 없이
헐떡여 가는 길

길 끝
문에 이를 때까지
다 기억할 수 없는
잊혀진 삶의 보따리
이고 지고
비틀거려 가는 길

향방 잃지 않아야
닿을 수 있는 곳
그 문을 향하여 가는
긴 여정

그거야 ~

옛사람

잊혀진 사람

지금, 여기
너의 모습 없지만

날 어두워
허기진 가슴엔
그림자로 드리운다

그대는
세월이 가도
낙엽 위 구르는
바람처럼
내 곁을 스치우고

다 잊지 못한 모습은
잿더미 속
다 타지 못한 송진처럼

일그러진 모습으로
내 마음속을 더듬는다

저녁

해 질 녘 어스름에
밥 먹으라 부르시면
돌아가야 해

사방치기, 말타기
헤헤거림 멈추고
돌아가야 해

어머니 목소리
붉은 노을이 되면
돌아가야 해

흙 묻은 손
훌훌 털고
빈손으로 돌아가야 해

양지 말

언젠가

능선 위 햇살이
미끄러져 내리면
봉창 곁 아히가
쭈그려 앉아 사금파리로
그시고 있었지

그 아가
삶이 이리 단단할 줄 알았겠나
시린 줄 알기나 했겠나

고된 삶에
꺼내 보는 양지쪽 동산은
푸근한 사랑과 그리움이라

돌아가야지
봄 샥시 땅바닥 입 맞추는 날
얼었던 붉은 볼 녹아
연녹색 미소가 되면

그리고
내 형편 좀 나아지면

쌓여진 겨울 옷 벗어버리고
돌아가리라
내 고향 양지 말
햇살 비낀 뒤로
숨은 그림자처럼
살포시 찾아가련다

이제사

이제 알았네
그렇게 뛰지 않아도
괜찮다는 것을
천천히 가도
조금 처져도 된다는 것을

이제야 알았네
조금 물러서서 둘러 둘러가도
늦지 않다는 것을

그런데 왜
떨어지는 밤톨처럼
구르는 도토리처럼
그리 급히 굴러왔을까

바삐 튕겨 나가봤자
꼴창에 박혀 썩어질 것을

어찌 그리 헉헉대고 예까지 왔나

이제사 알았네
기침 소리 둔탁한 침대 위에서 …

찰 라

불러도
돌아서고 싶지 않은 포근함
깊이 느껴 보는 행복

이 어둠 지나면
이승의 연이 끝나고
허접스런 몸뚱이 불꽃으로 타올라
한 줌의 재
흔적 잃으며
평화의 땅에 이르리

그러함에도 가보지 않은 길이기에
개똥밭
예가 좋다는 소리에
허둥대며 돌아서 버렸네

놔버렸어야 했는데
터널 앞에서
돌아서고 싶지 않은 거기서
찰나를 움킨 손이 부끄럽구나

움켜 쥔 삶의 어제가 오늘이니
더욱 그러하구나

요괴 인간

늙으면
가만 있으라 해서
그리했더니
찾는 이 없는 허수아비요
적막이라

이리저리 고개 돌려
꼼지락거리면
주책이다 점잖지 않다 하니
이거 참
외상 술값 책도 아니고
뭔 말인지

말을 하면
잔소리라 하고
입 다물어
등 돌리면
병들었냐 하고

돈이라도 벌어야겠다 하면
그 나이에 무슨 돈
입꼬리 올리니

거참
내가 요괴 인간이냐
투명인간이냐
걸리적거리는 뭐시기냐

살아감

삶은
길지도 깊지도 않아
가볍지도 않지

생긴 대로
그냥 그렇게 살아내야 해

힘들어도 어려워도
그냥 그렇게 살아내야 해

인생이 닻처럼
한 곳에 꽂혀 흔들리지 않을 것이라면

어쩌겠어
거기에 내 삶 묶어야지
거기도 세월은 흘러갈 테니까

너는 거기서
나는 여기서

서로 다른 길에서
서로를 위하여 살아야지
그렇게 살다 가야지

헛웃음

쌀 한 가마도 넘는 몸뚱이가
철푸덕 주저앉고 말았다
무릎이 풀려서

하늘은 둥그렇게 파랗고
오가는 이 무심한데
나는 웃었다
믿기지 않아서 어이가 없어서
그래서 웃고 있었다

대청봉도 천왕봉도 백록담도
발 아래 두었던 그 젊음 어데 가고
이리되었나
나는 아닌 줄 알았는데
벌써 풀려 넘어지다니

그것 참
웃음이 난다 눈물이 난다

세월 비켜 가듯
젊은이마저 외면하는
노원역 모퉁이에
널브러진 백발은 헛웃음만 짓는다.

추 억

힘든 삶도 묵히면 추억이란다
항아리 속 묵은지처럼
세월 가면 그냥저냥 그렇단다

죽을 것 같은 시간들이
삭아지면 추억이란다
헐벗고 쫓기던 세월이 추억이란다

힘들었어도
지금 미소 짓는 것은
지났기에 그러한가
추억이라 그러한가

돌아가고 싶지 않지만
가끔은
그리움이란 이름으로
틈새를 비집고 울타리를 넘는다

거기에
고통과 악몽이
호롱불 귀퉁이에 걸려 있고
잠 못 들었던 그 밤도 곁에서 졸고 있구나

이렇게 추억이란
여전히 시린 그리움이다

힘을 빼

부드럽게 흐르는 물처럼
힘을 빼

용쓰면
물 흐려
자국 남기고
탁류 속 물고기는 사라져

화내지 마
용쓰지 마
분노하지 마
얼굴 탁해지니까
탁한 얼굴엔 친구가 없어

파란 하늘
하얀 구름
함께 가려면
힘 빼고 살아야 해

그리 사노라면
함께 할 친구 어깨 걸어오겠지

회 상

골목 안
쭈그린 노인
하얗게 세도록 살아낸 삶

기적 같다

저이는 검붉은 물
키 넘겨 막아서도 건넜는데

나는 언제 다 넘을꼬

아 ~
이 하루살이 날갯짓은
언제 다 끝날까

백발 앞에 통곡을 한다

늘어진 하루
아파트 침침한 복도에
내 가벼운 빈손은
문고리조차 버거운데

내 아이 노란 주둥이는
아비 얼굴만 바라보고 있었던
내 젊은 날의 가난했던 하루여 ~

낙엽이 가는 길

바람이 흔들어
향방을 달리하니
한 몸인 듯 아닌 듯
당신과 내 시간이
따로 흐르고
같이 있어도
홀로 삶이로구나

찬바람
이별의 시간이 되면
서로 다른 곳에서
바라보아야 하는 숙명

가지 위 푸르던 시절
함께 손 내밀어
맞이하던 햇빛이 그리운
색 바랜 낙엽
빈 거리 뒹굴며 올려다 본다

촌로의 봄

여명
어스름이 싸립을 열면
촌로는 해수 섞인 곰방대로
다 마르지 않은 신작로 곁길
이슬을 털고 들판을 밟는다

누가 봄이 잔인하다 했나
누가 꽃이 행복하다 했나
철없는 아해들의 노래일 뿐

봄은
촌로의 어깨를 한 치 만큼 누르는
아니 그렇게 눌려야 하는 세월이다

봄날을 소 등에 얹고
끌려 가는 시간
그 시간은 아들의 것 보다
배나 짧게 흐른다

돌아와 밥상 앞에 앉으면
그제사
건넛방 게으른 놈 기지개를 켠다

제 2 부
세상을 바라보며

버닝 가트

갠지스강
바라나시 버닝 가트
허름한 할매는
벽제 화장터 붉은 화구를
쳐다보듯

시체 타는 냄새와 연기를
바라다 보고 있다

거르지 않고 나와 앉아
차례를 기다린다

싫어도
몸부림쳐 봐도
시간이라는 컨베이어 벨트에
실려 갈 터인데
왜 서두르나

실려 갈 사람
끌려 갈 사람
스스로 달려 가는 사람

우리는
모두가 버닝 가트를 향한다

시간이 되면
때가 되면
불가마 대기할 텐데
어찌 저리 서두를까

어제
놀던 자리 살던 자리
그리 싫었단 말인가

구정물 세상
그리 미웠단 말인가

괜찮아

아궁이 던져질
부지깽이 같다 해도
나는 괜찮아
널 위해 태워질 수 있으니

추수 끝난 벌에
흩어진 볏짚이라 해도

하얀 속살 드러내고
죽은 거미라 해도

꺾인 감나무 가지
까치밥이라 해도

누군가를 위한 삶이 된다면
괜찮아

두 손 모아 바라보는
밀레의 만종처럼
그리 살다간 삶을
천천히 들여다 볼
작품이라 하지 않던가

삐약 병아리

어미 잃은 병아리
삐악 병아리

향방 잃은 종종 걸음
애처로워 손에 담으니
오므린 손이
어미 품인 양
눈꺼풀을 아래로 깐다

어미 찾다
지친 병아리
손 안에서 조는 봄

봄볕 아래 까무러친
삐약이의
어설픈 사연을 어찌 하꼬

죽음의 벽

왜
이제사
거기 서서 통곡을 하나

돌아보아도
잡히지 않을 먼 이야기
눈물 뿌려 후회하여도
지난 일
어찌 꿰매어 놓을 수 있나

돌아갈 수 있다면 하는
부질없음이여

벽 앞에 고개 숙인들
무상할 뿐

잘 할 것을
잘 살 것을
그때 사랑할 것을
겸손할 것을

수없이 돌이켜 뉘우쳐도
쌓이는 눈물이여

눈물 위로 비치는 회한이
부끄러워
밝은 빛 뒤로 숨어
통곡하는 죽음의 벽이여

길

달빛 굽은 땅
날리는 모래 알갱이
빛나는 별 아래
오름이 되어버린 세상

길?
만들면 사라지고
다시 쌓아 만드는
무질서의 땅

무지와 거짓 속삭임
궁시렁 거리며
따르는 사람들

소망마저 가려진 혼돈
목 타게 기다리는
길 하나

향방 잃어
갈 곳 없는데
넋 놓고 가는 이들

길이 보이지 않는데
길이 없는데

길이라 여기고
서로 묶여 쓸려가는
눈 먼 사람들

눈 흐려 못 보는 이들

저들의 눈에 침을 뱉으소서
주님

늙은이의 피서

삼복 더위
세월이 파놓은 주름 따라
땀 물이 흐르고
골 깊은 계곡에는
바람이 오간다

팔각정 둘러앉은
색 바랜 입술들
투박한 말씨는
고장 난 축음기처럼
쉼 없이 돌아가며
낄낄거려
소진하는 여름 한나절

나 때는 말이야

듣는 이 없어도
삐져나온 하얀 코털
더듬이 되어
다시 끄집어 올리니

계속 돌아가는 쉰 소리

팔각정 마루 아래
발톱 빠진 비둘기만
기웃거려 엿듣고 있구나

묻지 마라

삶이 외롭다고
슬프다고

삶은 묻는 게 아냐
왜? 도 아니야
삶에는 왜 가 없으니까

쓸쓸하고, 고달프다며
남의 글줄 옮겨 으스대는 먹물
제가 답 인냥 하여 턱 쳐든 사람아
빌려온 삶이 참이더냐

아희야
쉰 소리 말거라
새 주막거리 사발에 묻혀
떠돌던 이야기 아니더냐

찾으려 말거라
구푸려 등 밝힌 이
어디 한둘이더냐

삶이 꿈이라 하였으니
외로워 슬퍼도
탄식이 숨이 되어도
왜냐고 묻지 말고
조아려 살자

묻지 말고
찾지도 말고
그냥 그렇게
손에 쥐여 준 대로 잘 살아 보거라

봐 봐

사막 한가운데 오아시스를
다 비울 양
낼름대는 낙타처럼

세상 부귀영화
한 입에 다 털어 넣을
기세로 달리는 사람아

봐봐
이글거리는 태양도
다 태우지도 못하고
눕는 석양을

어차피 우리는
독거노인 밑자락 아래
썩는 노잣돈 만큼인 것을

우리는
세렝게티 마른 웅덩이
코 박는 코끼리처럼

풍요에 빨대 꽂고

갈증으로 살아가는 나그네

그만큼만 내 것인 것을…

봄 동백

향기도 없이
찬 바람 버텨
훈풍에 닿았더니
우박이 웬 말인고

서리 녹혀 봄인가 하였더니
쏟아져 흩어지는
차가운 소낙비

꽃은
눈물처럼 흐드러지고
동백은
길바닥 버무려져 흐느끼누나

봄은 떠나는 계절

수그린 붉은 동백
봄바람 푸르름 깊숙이
묻혀가는구나
살포시 살포시

시샘

생강 꽃 따라
얼굴 내민 진달래

너는 노란 꽃
나는 붉은 꽃

봄 산엔
노란 꽃 붉은 꽃
시샘하듯 솟는구나

꽃 피고 잎 돋는
성질 급한 진달래는
얼굴 먼저 디미는
선머슴처럼 붉게 타오르고

바람처럼 수줍은 생강은
노란 옷고름 단정히 여미고
눈 흘겨 시샘하는구나

투명인간

세월은
타버린 재처럼
숯이 되어 흩어져 버렸으니

무엇을 해야 하나

토라진 아내 보듬듯
어루만져 뒤져보는 시간들

건질만 한 것도 없고
한 조각
무지랭이 재능도
쓸모가 없으니
짚고 선 지팡이마저
휘어지는구나

딸도 아들도
사위, 며느리도 제 길 바쁜데
누굴 탓하랴

오늘도 투명인간은
쭈그려 앉아 들여다 본다

뫼에서 돌아오는 길

떠난 님 흔적
가슴에 묻고 넘는 고개

바람도 힘들다
징징대는 이 고개
내 님 홀로 두고
어이 넘으리

둥근달 스치는 구름
무심 타 해도
내 어찌
이 그리움 흩어 넘으랴

능선 위 정승
검은 미소 짓는 고개
산마루 깊은 골
무거운 그리움

야속한 이 고개
언제 다 건너나

야 야

야야 그리 심드노

우야꼬
세월이 심드니
니도 아프구나

공부해 놓고
오라는데 없으니
땅바닥만 긁적이고

머리 긁어 본들
뭔 수 되겠나

날마다 이력서 보내고
바라보는 우편함은 침묵하는데

야야 우야꼬
그래도 수가 안 있겠나
심들어 구부려 봐야 우짜겠노

쪼메 기둘려 보자
소망이란 놈 곧 안 오겠나

욕 심

바람 한 조각
호흡 한 모금
다 뱉어놓고 가는 삶

부질없다 하면서
어찌 손가락 하나 펴지 못하고
채우려 했는가

마음은
욕심의 끈 놓으라 해도
몸이 움켜 살았네

끝내 펴고 갈 것을
다함 없이 그리하였나

돌이켜 말한들
고개 돌려 소근거린들
누가 알아듣겠나

나도 그리 살았으니
뉘라서 알아 듯겠나

잡상인 출입금지

바위처럼 막아선 문
부적처럼 붙어 있는
"잡상인 출입금지"

꼭대기 18층부터 1층까지
문 한번 열어보지 못하고
또 다른 건물로

거기서도
잡상인 출입금지라는 부적이
떨어지는 태양처럼
나를 아래로 아래로 내 몬다

어찌 어찌 문을 열면
청소도구만 걸려 있고

그렇게 문고리에 지문만 찍는
용기 없는 세일즈 멘

빈 하루 …
아침에 받아든 일비가 어깨에 걸린다

이 고달픔이여
야속한 잡상인 출입금지여 ~

점잖은 염부

젊음 지난 자리 서성이는 사람

사라진 세월 더듬듯
꺼진 화로 잿더미 속을 후비는
젊지 않은 사람

염전 위
청춘 타는 열정이
재가 되어도
고무래 놓지 못했던 사람

제 몸 식어 허연 사람
점잖은 사람

찾는 이 없어도
소금 익는 소리에
혹여 하여 껌뻑이는 염부

그이가
소금창고 나무 벽 아래
세월을 비고 누워
젊음을 바라보고 있다

참 상

그런가 하여 돌아보면
아니고
아닌가 하여 다시 보면
그런 것 같고

삶의 참모습은 어디에 있나

인간인가 하여 돌아보면
도야지가 있고
도야지 인가 하여 다시 보면
강아지가 되어 있고
개돼지 인가 하여 다시 보면
사람 모습을 했으니

어느 것이 참이냐

개돼지가 참이냐
사람 모습이 참이냐

이리 보면 개요
저리 보면 돼지인 것이
다시 보면 사람 같으니

이 참상이 무꼬

참

사람이기에 치우치고
인간이기에
감정에 머문다

살아 있다고
앎을 주장하지만
편협한 조각일 뿐

그나마
아귀 맞추어 큰 그림 되길
소망하지만

그리된들
허상이요 꿈이요 바람일 뿐인데

작은 조각
서로 크다 재잘거려
세상 어지럽히고
더 작은 조각들 그리로 끌려가
맴돌아 춤을 추니

뭐가 허상이고 무엇이 참인가

화 투

윤삼월 벚꽃 위로
참 이슬 내려 앉으니
얼굴들은 꽃잎처럼 붉어라

사쿠라 삼광
달 밝은 팔 광이고
눈 쌓인 솔밭 더해, 삼 점
못 먹어도 고~ 란다

중놈 빗겨 쓴 비광이요
너도나도 안 먹는 똥마저
없어서 못 먹는 투전판

벌겋게 취해도
처음처럼이야
마음 다잡아 다시 내리쳐도
어찌 이리 짝이 안 맞나

봄 지나가는
늦봄 산기슭 그늘에는
오갈 곳 없는 중늙은이들
화투짝 맞추는 소리가
골짜기로 퍼진다

제 3 부 가족에게 보내는 노래

노송

솔잎 사이로
붉은 빛 비껴가지만
세월은 백발 아래 숨는구나

끝끝내
다함 없이 막아선 세월
그래도 아쉬운 것은
왜 그랬을까 하는 회한만이
내쉬는 깊은 숨이 된다

돌아보는 삶은
영원한 후회인가
그때 그러는 게 아니었는데
하는 아쉬움이
늙은 소나무
부러진 가지처럼 처연히 달려있구나

님 소식
어머니를 그리워하며

나는
예 있고
가신 자리 여전한데

사이사이 서늘함은
어찌 아직 고여 있는가

산 그늘
포개진 구름
냉기 더하는 하늘 가에
어메 소식 간데 없고
찬 바람은
문풍지만 흔드는구나

바람 소리
겨울 온다 전하여도
함께 실려 올 소식 없으니

지팡이 딛고 떠난 님
어느 하늘 하래 객이 되어
서성이고 있을까

당신을 보면 눈물이

젊어선
베풀어 보듬는 삶이
객기인 줄 알았는데
늙어도 제자리 내주고
떨고 있는 모습
애달구려

그렇게 살았는데
당뇨, 고혈압, 우울증도
보듬어 주어야 하다니

지금도
같이 걷는 사람들 속에
함께 가는 걸음이
노을 비낀 장승처럼
휘어져 보이고

어찌어찌 건너온 강
금새라지만
아득하여라

그리 살아온
당신을 쓰다듬는 손이
눈물이 되는구려

동반자

모래
한 움큼의 새날도
당신과 함께 하지 못한다면
그저
한 줌일 뿐

영겁의 세월이
주어진들
당신 없다면
생각 없이 날리는
염불이요
흩어지는
불쏘시개만도 못하리

그대 없는 삶은
날아가 버린 새 한 마리
돌아오라 손짓하는
마른 가지의 흔들림

당신
예 있기에
찰나도 영원이어라

며느리에게

바람 잦은 골
얼기설기 엮여진
산지기 오두막 같은
내 집에 찾아든
너의 자태 곱기도 하여라

너의 어여쁜 빛으로
틈새 메워
처마 걸린 홍등으로 밝히니

이제사
하나가 열 인냥
밝음 찬 우리 집이로구나

희령아
우렁각시 며느리야
꿰진 곳 후미진 곳
다지고 메꾸어
틈 없는 가정 이루어
오래 남을 이야기가 되거라

오 서방

삼다도
독작 밭 호령하던 아이
성산골 벗어나 뭍에 오르니
그 용모 단정하여라

내 집 마당 첫발 내딛기
그리 힘들어 하더만
옷깃 스친 연으로
장인과 사위가 되고
어느새 새치가 어울리는
중년이 되었구나

용암 솟은 자리
별 같은 내 아들
남매 둔 아비로 예까지 이루었으니
그 모습 장하구나

길 무너져 어두워도
지켜내야 할 사도의 길
흔들림 없이 걸어 끝내 이루어 밝히기를

그리고
노을빛에 비친 그림자라도 밟히지 않는
고운 스승이 되기를 …

바람에 실어 보내는

바람에 실어 보내는
입김처럼
빛바랜 달빛처럼
유영처럼
흐느적거려
보이지도
들리지도 않는 소리

어떻게 살아야
잘 사는 거야
아는 이가 없네

흔적 잃은 글씨처럼
뜻 모를 이야기
쥐어져도 모를 것들
어떻게 살아야 잘 사는 거야

바람에 실어 보내는 그 소리

세상에 코 박고 살면
들리지 않는 소리
눈을 떠
고개 들어

부질없다는 말이
마음이 될 때까지

기울여 봐 너를 부를 때까지

들려?

비 오는 날의 추억
신문 돌리던 고1의 배고픈 가을

가을비 속에서
가끔 옛 시간을 만난다
하얀 교복, 검은 모자
잉크 다 마르지 못한 신문 꿰차고
빗길을 달리는
까까머리를 만난다

신문이요 ~
허기진 외침은
싸늘한 빗소리에 묻혀버리고
내미는 손 없어
더뎌 가는 신문 배달

피로 사수한 병사처럼
비와 땀에 젖어 돌아온 보급소
어둑한 전농동 가로등 켜지면
노을 비껴선 자리에
서성이는 배고픈 나를 만난다
갈 장마 속 그때 그 아이를 …

내 손녀 유하야

희령재 깊은 골 자리하여
열 달 다 채우지도 않고
싯다르타 보다 하룻길 먼저
달려온 손녀
유하야

둥근 머리통은 영롱하게 빛나고
미간은 넓어 깨달음이 깊을 것이요
오똑하고 넓은 코는 넉넉한 인심이로구나
오므린 입술이 다부지니 승자의 삶이라

어느 할배가
제 손녀 귀하지 않겠냐마는
제 아비 어미 반씩 갈라
하나로 맹그러진
내 손녀 유하야
너는 다르구나 내 손녀라서

너의 이름 임 유하
숲속 은혜의 강이라
그렇게 되거라 부디 은혜의 강이 되어
나누어 주거라
행복을, 하나님 은혜를 …

여 자

아내가 된다는 것은
이름을 잃어버리는 것

내 남자 보폭 맞추어
하나 되는 것

아내가 엄마가 된다는 것은
목구멍 깊이 삭아가는 먹이 토해
새끼 입에 넣어주는 황새처럼
제 살 저며 자식 배 채우는 희생이리라

그런 저가 흙이 되니
못난 자식 눈에 이슬 맺히는
한없는 그리움이어라

여자이고
아내이며
엄마인 그는 서글픔인가보다

어머니의 손편지

호밋자루 춤추던 들판에
바랜 달빛 스며들면
갈바람은
덧거침 이겨낸 콩잎을 누인다

할매꽃
별 아래 잠들고
울 엄니 거친 숨소리는
길섶에 숨었네

다시 들려올까
나가 뒈지라는 걸걸한
우리 어머니 목소리

육실 할 놈
빨랫방망이 들고 쫓던
젊은 엄마 어디 가고
백골만 누웠으니
삐뜰빼뜰 써 내려간
손편지
언제 다시 한번 받아볼까

손주가 온다고

새 며느리 이리 좋아도
표현 다 못하는
시어미의 어색함은
손주가 온다는
며느리 속삭임에
녹아버리고

꼬치꼬치 파고드는 시어미
너무 좋아해

5주 전부터 태중에 놀고 있다니
아이고 오늘은 맘껏 표현해 보자
예쁜 며느리 내 며느리
어디 한번 크게 안아 보자

상거가 멀어, 점으로 보이는
X-RAY 속 우리 손녀

버선발 내딛자니 길이 없고
기다리자니 조급하구나

그래
천천히 오거라

손녀가 온다는 말
가슴속에 맴돌고
예쁜 며느리 곁에 있으니
오늘은
참으로 배부른 하루이구나

쑥 맥
부산 고모를 그리며

그 이는
완행열차만 타고 다녔다
아무리 급해도
아무리 멀어도
완행열차만 타고 다닌다

왜냐고 물으면
천천히 가는 것이 좋단다
급한 것이 없는 사람

험한 소리 들어도
어이구 어이구
외마디가 끝인사람

욕심 없는 사람
성불한 부처인냥
그렇게 살다간 사람

사람들은 그 이를
쑥맥이라 부른다
바빠야 사는 세상에
그 이는 그렇게 쑥맥으로 살다 갔다

아이구 아이구
천천히 살다간 사람
그 이가 그리워 진다

아들아

코뚜레 풀고
땅 다지는 발길질로
수틀리면 향방 없이 뛰는
황소 같은 우리 아들

제정신 돌아서야
긴 혓바닥 핥아
미안한 듯 제 어미 보듬는
철없는 아들

경을 쳐도 제길 갔던 너
이제
장가를 가는구나
거 ~ 잘됐다

물을 건너 산으로 들로
씩씩거려 누볐지만
이젠 가정이라는 틀에 묶이는구나

아들아
보폭을 줄이거라
땅거죽 살살 디디거라

여기저기 네 맘대로
디며 다니던 청년의 땅이 아니니

가정이라는 뜰에선
조심조심 걸어야 하나니
그리 걸어 살 거라 …

장모님 보따리

쌌다 풀었다
싸았다 풀기를
밀물처럼 썰물처럼
많이 많이

풀기 없이
앞산 바라보며
잃어버린 시간 더듬지만
손놀림은 멈추지 않고
풀었다 싸았다

그렇게 움켜 넣어도
다시 풀어 놓는 세월

다 풀어헤치지 못한
시간의 상처

이제 모두 풀어도 돼
아쉬울 것도
싸을 것도 없는 97세

우리 장모님
보따리 그만 싸시고
편히 쉬세요

가을비

비야 비야
가을비야
뭘라꼬 그리 내리노
자갈치 시장 비린내 나고로

비야 비야
차가운 비야
와 그리 매몰차게 내리노
길거리 파지 다 젖고로
물먹은 박스는 값도 치지 않는데

비야 비야
철없는 비야
시인 마음에나 내리지
와
일없이 녹슨 양철지붕 두드려
가슴 시리게 하노

야야
가을비야
와 그리 치근대며 내리노
처마 밑 제비 새끼
날개도 다 몬 폈는데
뭘라꼬 그리 내리노

울 어메

눈물이 난다
육간 여편네 똥간 갈 때마다
씹다 뱉어놓은 고기 보고 침만 삼키며
"지랄한다고 뱉어
똥 다리 앉아 씹으면 단물 날 것인디"
그 배고픈 푸념이 싱싱하다

보따리 이고 지고 행상 다니던
청량리 588 가시나들
신나게 밥 비벼 처먹어도
한술 뜨라는 말 없어

벌컥벌컥 맹물로 배 채우고
게타리 졸라매는 것이 점심이었으니
눈물이 난다

좋은 세상 구경 다 못하고
눈만 껌벅껌벅
험한 세상 옛일을 지우는 치매
그렇게 다 지우고 가셨으니
울 엄니 빈 자리엔 눈물만 고여있구나

후회

해도 해도
안 되는 삶이 있다는 것을
젊어선 몰랐네
부모 나이 즈음에 알았네

누가 가난한 삶을
살고 싶어 살았겠나
그냥 웃어 줄 것을
왜 눈살 찌푸렸나

곱사등처럼 성가신
가난 업고 헉헉대며 넘었던
어버이 고갯길
쉽지 않은 이 길을
칠순이 되어서야 알았네

아흔아홉 잘못
백 살에 안다더니
부모님 다 보낸 뒤에
나의 숨은 깊어라

장손녀
장손녀 유하 출생을 기념하며(음력 4월 7일 오후 1시쯤)

우렁각시 알 품듯
내 며느리
열 달을 고이다가
에미 집 떠나기 싫다고
탯줄 잡아 버티는 핏덩이를
야멸차게 밀어내니
툭 떨어져 앙앙거리는
내 사랑 유하야

슬피 우는 널 보고 모두 좋다 하니
어찌 된 일인가 하여
덩달아 웃는
먼 데서 온 손님
여기도 기댈만하니 웃어라 아가야

체격도 좋아
제 아비 정해 놓은 골프선수 감이로구나
큼직한 코 눈 감아 길게 늘어선 아이라인에
서글서글한 눈망울 숨겨 놓았으니

네가
크게 눈 뜨고 세상 바라볼 때
머스마 열 부럽지 않으리 …

한

서울 하늘에
스멀스멀 미세먼지 땅거미처럼 에두른다
수락산에서 바라 본
강 건너 롯데빌딩은
이미 안개 속으로 빨려 들어가
뽕밭이 되어버렸고
비집고 들어선 햇살은
어머니 얼굴을 그려놓는다

첩년과 동거도 그렇고
언니 같은 시어미 눈꼬리도 그렇고
아둔한 시아버지 술주정도 그렇고
다 그렇다 쳐도
곧추세워 두들겨 패는 서방 발길질에
손이 가는 보따리

거 싸면 뭐하나
그 집 귀신 되라는 친정어머니
마음에도 없는 모진 말에

업은 자식 내려놓듯
힘없이 풀어야 했던 보따리

요양원 떠나기 전
실타래를 그렇게 묶었다 풀었다 하더니
한을 풀어 놓고 가시려고 벙긋거렸나

먼 산 안개는 골을 메우고
강을 덮어 흐르는데
내 어머니 삶은 어디로 갔나

미세먼지 거치면
하얀 도화지 같은 맑은 날 드리울 터인데
지워진 울 엄니 한을
누가 그려
추억이라 말할 수 있을까

제 4 부

자연을 보며

가을이 오면

가을이 오면
산은
얼굴 붉혀
수줍은 과거 해 그늘에 숨기고
백발은
긴 숨으로 허송세월 덮으려 하는구나

올 사람 없어도
젊음의 끄트머리 시름 깊은 늙은이
하루 한두 번 광고회사 전화벨은
빼먹지도 않고 울려대고
찾는 이 없어도
싸늘한 바람은 추억을 불러오니

가을빛 양지쪽에 쭈그려 앉아
낙엽보다 깊은 주름을 보듬어 본다

아 ~
이 가을엔
나
저 산처럼 얼굴 붉힐
부끄러운 사단
단풍 아래 묻어 볼까 하노라

갈 단풍

언제 왔나
가을이
단풍이

발 아래
오그라진
잎사귀
온전히
물들지 못한 낙엽

한여름
고단한 사연
다
토해내지도 못하고
이리 뿌옇게 삭혀
화석이 되었나

가을 마음속

내려다 본 마을
노을 채색 아름다워
산 그림자도 시기하는데

풍정 속 내 마음
당신께 있으니
당신 때문에
찬바람도 견딜 만 하다네

올려다 본 하늘은
어느 새
노을빛 지워버린 산 그림자
어둠을 부르고
암막에 걸린 별들은
동무 불러 반짝이는데

아직도 수줍어
산등선 기대선 달님은
샘물에 제 모습
다 비취지 못하고
기웃거리지만

내 맘속 당신은
여전히
아름답게 비취고 있구나

늦 봄

어색하게 더운 봄
늦은 비 시원하게
마른자리 스며드니
농부는 미소로
곰방대를 당기지만

봄 자리 간데 없고
여름이 재촉하니
어버이 등짝에는
땀 물이 흐르는 구나

감자
보리 황금들판
보리 태워 후후 불던
늦봄 어디쯤인지
초여름 입구에서

나락 흔들어 보냈던
윤사월이여
그리 더웠던
늦봄이여

님

보이지 않아도
함께 하고

만질 수 없어도
느껴지는

들을 수 없어도
전율케 하는

당신은
가깝고도 먼
나의 님이십니다

단풍잎

물 위 떨어진
피 멍든
검 단풍

소금쟁이 발처럼
세월을 붙잡고 있구나

강뚝

봇돌 사이
돌다리 건너

구름
바람 불러 함께 걷는 길

무른 논두렁
잰 발 놀려 지나면

끝닿은 뚝방 아래
솟은 들풀
흔들흔들 경례하고

강뚝 위로 번진 노을
뒤 돌아 곧은 길을
물들이고 있구나

들 꽃

낯선 꽃
함부로 손대지 마라

가을빛
고이 받을 존재니
뉘라 그리하느뇨
바람조차 조심스레 스치는데

이름 없어도
이름 없이 가도
버려 두어라

너와 같지 않다고
낯설다고 그리 말거라

같이 살아내야 할
세월이 아니더냐

고개 숙인다고
고개 젖는다고
이름 모른다고
그리 말거라

한세상
너와 나 따로 지녀
다녀갈 곳 아니더냐

섣 달

달랑 남은 한 장
마지막 잎새처럼
휘둘리고

동짓날
색 바란 손톱 달은
바람 재촉하여 얼굴을 내민다

뒹구는 낙엽
이 저리 휘둘려
자리를 잡는데

세월은
이 긴 밤
찬바람 지켜낼
힘조차 없으니

아 ~
이 밤
어찌 이리 길기만 한가

그래도

마지막 장 넘어가면
또 다시
숨 쉴 봄은 오겠지

봄빛

색인가 하여
들여다보았던
연한 봄빛은
어느새 씻겨버리고
연초록 갈아입었네

여린 풀잎
해님을 불러 손짓하니
봄 산은
짙은 옷으로 바꿔 입는구나

빛과 색이
숲에서 만나듯
떠난 임
언제인가 하여
기다리는 마음
봄빛에 실어 보낸다

모래무지

강가 모래톱에
갇혀버린 모래무지
어찌 이리되었나

폭우가 그리했나

물 빠지는 줄 모르고
미소 짓다 그리되었나

좋은 시절
끝닿을 줄 모르고
예 있었나
마냥 물속인 줄 알았나

이 저리 튀어 올라도
늦어버린 시간 위로
까무러친 모래무지

아직도
다 마르지 못하고
흐르는 강물만 바라보누나

삘기 풀

소달구지 아래
기어들어
피어난 삘기 풀

허연 뿌리
어겅 어겅 씹어
들큰한 물 삼키면
허기진 배가 채워지고

다시 뽑아 씹으면
마음이 채워진다

소똥구리
마른 똥 굴려 제집 찾는
내 고향 들판

달구지 길은
부황 가시게 하는
어머니 손이었다

벚 꽃

화계사 십리 길
섬진강 백리 길
골짜기 시린 물
손사래로 피어난 꽃

물 따라
화계장터 구경 가네

쌍계사 십리 길
꽃눈 내리면
최 진사 내려 보던
봄꽃
빛으로 환생한다

휘감아 반기는
봄이여 빛이여

날리는 그대
설레는 흰 꽃이여
봄의 탄식이여

맛 집

간판 가려진
골목 깊은 곳
기웃거려 찾는 할매집

낡은 처마 아래 개미굴처럼
하나 들어가고
하나 나오는
칼국수 맛집

왁자지껄 주문 소리
허공을 떠도는 쟁반
어깨 흔들어
피해 주어야 소통이 되는 곳

이 한 그릇 위해
추워도 더워도 줄을 서는 집

깨끗이 비우는 이 뿌듯함
다음엔 누굴 데려올까

이마에 땀을 훔치며
아내를 생각한다

돈을 주어도 남는 맛집
종로 3가 할머니 칼국숫집

매 미

여름이 간다

목이 쉬도록 불러도
마지막 노래 남아 있는데

땡볕 비집고
돌아온 서늘바람
기어코
풀섶에 매미를 눕히고
달라붙은 개미
흔적 사라질 때까지 핥고 있구나

그리 울다 갈 것을
어찌 이 긴 세월 어둠에 묻혀 있었나

여름 한날을 위하여
꿈을 위하여
핏대 세워 울다간 삶
애닯다 한들
스치는 바람이 알겠나
섧다 한들 솔잎이 알겠나

산 위
구름 타고 넘는 시간
어제 왔던 길로 가는데

니나 내나
넘어야 할
이 넘이를 어찌해야 하겠는가

머하고 사노

야야
쟈들이야
지도 모를 소리 씨불이며
묻힌 돌이라도 캐고
나물이라도 뽑는데
니는 머하노

야야
쟈는 벽에 눈 맞추며 산다 카는데
니는 어데 눈 맞추노

야야
퇴직이란 계급장
세상이 돌아서는데
어데 가서 노노

갠지스강 화장터 순번 기다리는 할매처럼
시간 앞에 줄을 서나

임자
함께 살아도 따로 산다 아이가
니는 니대로 내는 내대로

외로움은 커지고
세상은 틈새가 없네

노동을 하자니 근격이 없고
얻어먹자니 눈치가 보이고
몸띵이는 삐걱 울어대니
우짜노

삶이야
어디에선가 멈추어 서겠지만
거참
뜻 모를 말 나대어
생각 사 깊어가는 밤

머하고 사노
우찌사노
여생이라 카는 이 남은 시간을 …

해녀의 봄

소소리바람
섬 숲 닿으면
여린 풀 스러져 낄낄거리고
억새는 가로 젖는다

물질하는 해녀 보이지 않고
숨비소리
바람에 스치우니
테왁만 끄덕끄덕
물 위를 걷네

봄은 여전히
제 빛 곱다 추스르고
섬 뜰 동백은
지쳐서 떨어지는데

그대 어찌
물속 깊이 숨어드는가

이 봄도

그대 숨소리 여전하지만
아직도 짠물 소름 돋우니
반짝이는 해녀의 봄은 섧기만 하다

사 막

지난 과오
사막 위 발자취처럼
지워주신 주님

그 은혜 갚아
따르려 해도
주님 발자국마저
바람에 쓸려 사라집니다

황량한 사막에서
사방을 둘러보아도
향방이 없고
주님 음성도 들리지 않으니

나는 시장 골목 모퉁이
어미 잃은 어린애처럼
몸부림을 칩니다

아무도 없는 세상
사막 같은 이 세상에서
목마름으로 찾습니다

나의 아버지를

산정호수

얼마나 그리웠으면
그리되었나

강줄기 따라
내 닫고 싶은 마음
바다를 향하지만
막혀 버린 댐 넘겠다는
몸부림이 멍이 되었네

얼마나 그리웠으면
푸른 호수가 되었나
파란 물이 되었나

하소연은 깊이를 더하고
가고픈 마음 멍이 되어
바닥부터 파랗게 변한 산정호수여
멈춰선 바다여

시린 마음
쌓여있는 애달픈 호수
내 닫지 못하는 서러움
깊은 물 속에 담아 두고 있구나

석 상

수락산 능선
삐딱하게 서 있는 석상
골 깊이 새겨진 풍상
바람에 씻겨
무뎌진 그림자
봄바람에 실려 가네

떠올려 보아도
지난 일
막막하기만 한데
그대들 간 곳 어디메뇨

석상의 미소 씻겨지고
쓰고 있던 감투는
깨어져 흔적이 없으니
이를 무상 타 하나
무심 타 하나

오늘도
무심과 무상을 함께 지고
오가는 등산객만 바라보고 있구나

수락산 계곡

여름 끝자락 누운 풀잎
소나기마저 삼켜 버리고

찬바람 전하는 안부에
고개 저어 대꾸하는
수락산 계곡

개울
돌 틈 손가락 넣던 아이
웃음소리 사라지고
아가씨들
깔아 놓았던 돗자리
벌러덩 누웠던
베잠방이마저 떠나니

이젠
철 잃은 풀잎만
사각사각
지난 여름을 이야기하고 있다

싹

봄비는
새싹을 깔고 앉아
눈뜬 가지 두드리니

임인가 하여 나온 잎새
멀미를 하는구나

휘둘려 시달려도
이 세월
호들갑인 양하여
춘풍의 세월 넘어야 하리

바람 넘어
피워내야 할 향기 있기에

푸르게 솟아 하늘 향하리
환한 봄날을 위하여
내일을 위하여

어느 봄

바람에 날리는
갈잎처럼 떠나버린 너는
섬진강 벚꽃
꽃눈이 되어도
다시 피지 못하고
아지랑이 눈물이 된다

함께 걷던 길 보이지 않고
반짝이는 강물은
안개 되어 흐르는데
너는
어느 봄날 봄빛 되어
내게 오려나

또 다시 갈바람 같은
바람이 분다
그리움이 네 모습으로
피어오르는 봄 바람이 분다

또 이렇게
나는
어느 봄날을 채워간다

외롭지 않아

가을이 닫히면
갈잎은 창 열고
깊은 하늘을 안는다

떨어질 잎이라도
아직은 달려 있기에

하늘이
하얗게 홀로 떠나 버려도
외롭지 않아

파란 하늘
경계를 넘어가도
괜찮아

미지의 친구들
푸르게 달려 올
그 계절 때문에
기다리는
나는 외롭지 않아

원 망

이럴껄
저럴껄
그럴껄
내 손을 떠나버린 껄 껄 껄

아쉬움의 들판을 걸어봐도
모두 사라지고 아무도 없는데
나 홀로 분노라는 코뚜레
원망이라는 사슬에 매여있구나

후회
이 어두움 걷어내려 해도
이고 진 짐이 너무 무거워
비켜서지 못하고 맴만 돌다 멈추어 선다

돌아서야지
잘라버리고 사슬을 풀어야지
앞으로 빛을 향하여
원망이 그리움이 될 때까-지
미소가 될 때까지

생각에
생각을 더 하여 천천히 가야지

자유함

지금 여기
이 걸음 내 것 아니니

내 나오던 그 날도
내 것 아니라

끈 달려 사는 자
하늘을 보라

내 것 아님을
아는 자
세상 짐 벗으라

사명자
창공을 날아
자유함을 느껴 보라

그 느낌으로
그 자유함으로
그 문에 이르리라

잠든 단풍

겨울
창 두드리는 따스함에
이른 봄 기지개를 켜고

갈바람 타고 놀던 단풍은
시린 물속에 곯아떨어졌네

흔들어 깨워도
팔랑 뒤집어 다시 잠이 들고

눈 녹인 소용돌이 간질여도
웅크려 도망할 뿐
눈을 뜨지 않네

두어라

이 봄 가고 여름 지나
다시 물들일 날이 오면
게으름뱅이 녀석
헐레벌떡 일어나
얼굴부터 붉힐 터이니

추 억

가을
비켜선 그림자
눌 닮아 그리 애리냐

서늘바람
양철 지붕 위로
걷는 소리
붉어서 서글픈데

뒤뜰
댓잎 부딪는 소리는
빗물에 씻긴 묘비처럼
마음속 어디엔가 박혀있을
얼굴도 이름도
쓸어버리는 빗질 소리

가을은
고운 빛 속으로 다가와
망상의 거품으로 사라지고

추억은
아련한 기억 속 그대를 부르고 있다구나

지리산 할매

다 새지 못한 새벽
계곡 안개 어스름에 눈을 뜨면
휑한 공간 가로질러
들려오는 텔레비전 소리

하루가 온다는 여명의 속삭임보다
먼저 들려오는 소리

아무가 없는 골짝 외딴집
할매는 사람 소리 그리워
먼저 가신 할배 목소리 그리워
듣지도 않을 텔레비전 소리에 삶을 매어 놓았다

싸리문 너덜대는 그림자 길게 늘여
시답지 않은 저녁 인사를 하면
할매는 다시 텔레비전 채널을 고정시킨다

이 밤도
텔레비전 소리로
지리산 골짜기 시린 바람을 피하고
흘러나오는 9시 뉴스와 코 고는 소리는
엉성한 대문을 뛰쳐나와 개울가로 흘러
골짜기 위 별들에게 안부를 전한다

썰렁한 주막

들판 건너온
허기진 구름
기웃거리다 떠나고

구비 돌아 찾아온 바람도
삐진 듯 떠나는
후미진 거리
썰렁한 주막

싸리 울 넘어 처마 밑에
뚜껑 비켜 쓴 가마솥은
배고프다 탄식하는데

정지에 있어야 할 주모는
그림자도 보이지 않고

색 바랜 단풍잎
흙바람 쌓인 뒤창에 걸터앉아
속삭여 전하네

오래전
나그네 따라간 주모는
언제 올지 모른다고

황토벽 틈새로
노을빛 파고드는데
주모는 간데없고
낮술에 취한
지푸라기만
홀로 뒹굴고 있구나

처연한 봄

농부는
긴 숨으로 봄을 맞는다
또
봄이로구나
주저앉는 탄식으로
삭신을 바로 세우지도 못하니
봄볕도 미안해
아침 창 다 두드리지 못하고
고개 숙여 스치는구나

추스른 몸뚱이에
호밋자루 전지가위
손아귀로 기어드니
이 고개 얼마를 더 굴러 넘어야
쉴만한 물가에 이를까

아지랑이
봇도랑 위로 흐르고
널브러진 봄 내음은
아낙네 바쁜 손길을 부르지만
농부에겐
처연한 봄이로구나

후 기

바닷가 절벽 아래 해녀들의 숨비소리는 허허로이 벽을 치며 떠돌 뿐, 대꾸가 없고,

따개비의 숨소리 역시 들어 줄 사람이 없습니다.

세상 늙은이 소리를 들어 줄 사람도 없습니다.

그러나

따개비 곁에 해녀들의 숨비소리가 있듯, 해 걸음 노인에게도 작은 위로가 있습니다.

조그맣게 꾹 눌러 쥔 어린 손주들의 눈망울이 그것 입니다.

해녀의 숨비소리처럼 힘차게 내 뿜는 것은 아니어도 재잘대는 아이들 소리는 등 시린 늙은이에게 따스함입니다.

그러하기에

여기 따개비의 숨소리처럼 작은 속삭임을 이 지면을 통하여 풀어놓으려고 했습니다.

아무도 들어 주지 않는,

그러나 아무나 들을 수 없는 나만의 이야기를 ….

감사합니다.

| 판권 |
| 본사 |
| 소유 |

따개비의 숨소리 (임희수 제2시집)

지은이	임희수
편집·제작	김사철
펴낸곳	도서출판 구암
등 록	제2-1188호
등록일	1991년 6월 12일
전 화	02) 927-6568
F A X	02) 927-6569
E-mail	k4seasons@naver.com
ISBN	978-89-86304-21-3 03810
정 가	12,000원

※ 잘못된 책은 바꾸어 드립니다.